Österreichs Bezirke in einer nostalgischen Buchreihe

In der Reihe „Österreichs Bezirke in alten Ansichtskarten“ bietet der Verlag Carl Ueberreuter eine Bilderreise in die Vergangenheit dieses Landes: Jeder Band enthält eine große Auswahl der schönsten Ansichtskarten, die praktisch alle Ortschaften und Gemeinden des jeweiligen Bezirks zeigen. Im Laufe der nächsten Jahre sollen alle Bezirke Österreichs auf den Markt kommen. Grundlage dieser Reihe ist die Sammlung von Johann Riegler, der mit 2,5 Millionen historischen Korrespondenz- und Ansichtskarten das weltweit größte einschlägige Archiv besitzt.

In der Reihe sind bis jetzt Bände zu folgenden Bezirken erschienen:

Amstetten (der Nordteil ist enthalten in: Amstetten; der Südteil in: Waidhofen/Ybbs), Eisenstadt, Eisenstadt-Umgebung (enthalten in: Eisenstadt), Hallein (siehe: Tennengau), Hartberg, Innsbruck, Judenburg, Krems, Kufstein, Liezen, Neusiedl am See, Pinzgau, Pongau, Rust (enthalten in: Eisenstadt), Salzburg, St. Johann im Pongau (siehe: Pongau), St. Pölten, St. Veit, Tennengau, Waidhofen/Ybbs, Weiz, Wolfsberg, Wr. Neustadt, Zell am See (siehe: Pinzgau), Zwettl

KREMS

Der Bezirk in alten Ansichtskarten

UEBERREUTER

Der Bezirk Krems an der Donau
Einwohner: ca. 23.700 (Stand 2006)
Größe: 52 km²

Kontakt zur Stadt:
Rathaus
Obere Landstraße 4
3500 Krems

ISBN 978-3-8000-7253-8

Redaktion: Irmgard Dober
Gestaltung: xl-graphic
Ansichtskarten von Johann Riegler.
Sie können diese auch in digitaler Form unter www.illuscope.com käuflich erwerben.

Printed in Czech Republic
1 3 5 7 6 4 2

Ueberreuter im Internet: www.ueberreuter.at

Inhalt

Vorwort

Die Statutarstadt Krems liegt an der Donau im Zentrum Niederösterreichs und bildet das Tor zu einer der schönsten Flusslandschaften Europas, zur Wachau. Als eine der ältesten Städte Österreichs zählt sie zu den schönsten, seit dem Jahr 2000 auch von der UNESCO als Weltkulturerbe anerkannten Stadtdenkmälern Europas.

Beweise für die Besiedlung der Region schon zur Eiszeit wurden im Jahr 2005 bei Ausgrabungen auf dem Kremser Wachtberg gefunden. Zwei Säuglinge waren vor 27.000 Jahren hier begraben worden. Germanen, Römer und Rugier lebten hier, bis mit den Baiern die Völkerwanderung im Raum Krems ein Ende fand.

995 wurde Krems erstmals in einer Urkunde benannt, 1014 wurde die Pfarre gegründet, 1072 folgte die erste Nennung von Stein. Die Orte entwickelten sich zunächst getrennt, doch beide waren wirtschaftlich und kulturell bedeutend. So wurde im 12. Jahrhundert in Krems die älteste babenbergische Münze geprägt, der Kremser Pfennig, während Stein landesfürstliche Zollstätte war. Die Bedeutung der Stadt bezeugt eine Nennung von Krems auf der Weltkarte des arabischen Geografen Al-Idrisi im Jahr 1153. Klostergründungen (Minoriten, Dominikaner, Kapuziner) und Kirchenbauten vom 13. Jahrhundert bis in die Zeit der Gegenreformation belegen ein reges geistliches Leben. Im 13. Jahrhundert waren Krems und Stein zusammengewachsen, das mit 1305 datierte älteste erhaltene Stadtrecht der Doppelstadt Krems/Stein bezeugt diese Entwicklung. 1463 erhielt die Stadt das heute noch gültige Stadtwappen und das Privileg, eine feste Donaubrücke zu errichten. Für das Wohl der Bürger sorgte neben dem blühenden Handel mit Eisen, Salz und Wein auch das Gewerbe mit Glockengießern, Hauern, Buchdruckern, Orgelbauern, Senf- und Essigerzeugern, ...

Leider fehlten auch Kriege und Gewaltherrschaft nicht: Aufstände der Protestanten und Rekatholisierung, die Besetzung der Stadt durch die Schweden 1645–1646, die Türkenkriege, Napoleons Eroberungsfeldzug, die Revolution von 1848, ein Bombenangriff auf Krems am 2. April 1945 – die Geschichte des Landes spiegelt sich in jener der Stadt.

Mittlerweile sind diese Wunden verheilt und die günstige Lage als Verkehrsknotenpunkt, der Donauhafen, die gesunden Betriebe, die vielen Bildungseinrichtungen, aus denen die Pädagogische Akademie, die Donau-Universität Krems und die ICM Fachhochschule Krems herausragen, sowie der Tourismus sorgen für eine ausgezeichnete wirtschaftliche Basis.

Die vorbildlich erhaltenen Altstädte von Krems und Stein zeigen, dass ihren Bewohnern die Wichtigkeit ihres historischen Erbes bewusst ist. Mittelpunkt jedes Stadtspaziergangs ist die Gozzoburg, von der aus die Stadt regiert wurde. Im Rathaus

aus der Mitte des 16. Jahrhunderts setzt sich diese Tradition fort, der Rathauserker gehört zu den besten Architekturdenkmälern der Renaissance in Krems. Auch heute noch ist an den reichen barocken Fassaden der im Kern aus Gotik und Renaissance stammenden Bürgerhäuser abzulesen, wie wichtig der auf dem Täglichen Markt oder dem Hohen Markt abgehaltene Handel war. Befestigt war die Stadt natürlich auch, bis man um 1850 mit der Schleifung der Mauer und einiger Stadttore begann. Übrig geblieben sind das Steinertor und der Pulverturm, beide stammen in ihrer heutigen Form aus dem ausgehenden 15. Jahrhundert.

Unter Josef II. kam es im Jahr 1785 zur Auflösung des in der zweiten Hälfte des 13. Jahrhunderts gegründeten Dominikanerklosters. Die Kirche wurde 1786 entweiht und zunächst als Metallwarenmanufaktur verwendet. Heute beherbergt sie das WEINSTADTmuseum. Weitere Klosterauflösungen betrafen 1796 die Kapuziner im Kloster Und (1614 gegründet) sowie die Minoriten in Stein und ihre spätromanisch-frühgotische Kirche (13.–15. Jahrhundert) mit Fresken aus dem 14. und 16. Jahrhundert. Beide Klöster werden heute als Ausstellungszentren verwendet.
Sakralbauten, die ihre ursprüngliche Funktion erfüllen, gibt es natürlich immer noch. Etwa die Piaristenkirche, die in ihrer spätgotischen Form zu den bedeutendsten Niederösterreichs zählt. 1776 übernahmen die Piaristen die Kirche und errichteten Kloster und Gymnasium. Die barocke Innenausstattung beinhaltet viele Werke des Malers Martin Johann Schmidt, des „Kremser Schmidt" (1718–1801). Die Stadtpfarrkirche Krems, die auf eine Schenkung Kaiser Heinrichs II. von 1014 zurückgeht, wurde zu Beginn des 17. Jahrhunderts neu errichtet. Auch hier sind mit den Deckenfresken Werke des „Kremser Schmidt" zu sehen. Die spätgotisch-barocke Pfarrkirche von Stein, eine frühgotische Kirche in Förthof, die Göttweigerhofkapelle mit frühgotischen Fresken (1305–1310) und die spätgotische Bürgerspitalkirche (um 1470) mit Barockinventar sowie die Dreifaltigkeitssäule aus dem Jahr 1738 ergänzen diese eindrucksvolle Liste an Kulturdenkmälern.

Ein kulturelles Erlebnis der kulinarischen Art bietet Krems mit der anerkannten Qualität seines Weines. Eine wichtige Grundlage dafür bildet neben den besonderen Bodenverhältnissen und den klimatischen Voraussetzungen vor allem die naturnahe und umweltgerechte Bewirtschaftung.

Dass die Kremser nicht in der Vergangenheit leben, beweisen sie mit vielen Initiativen, die die Moderne – oft in harmonischem Gleichklang mit der alten Bausubstanz – auch zu ihrem Recht kommen lassen. Die Kunstmeile Krems, das Karikaturmuseum, die Kunsthalle Krems, die Filmgalerie, das Ernst-Krenek-Institut und Galerien beweisen, dass Altes und Neues eine Symbiose auf höchstem Niveau eingehen können. Das Donaufestival und Veranstaltungsreihen wie „Glatt & Verkehrt", „Imago Dei" und „Szene Bunte Wähne" bilden nur einen kleinen Ausschnitt aus einer langen Reihe kultureller Ereignisse, die Einwohner und Besucher von Krems und Stein genießen können.

1 Krems, Panoramablick
1915

2 Krems,
Ansicht um 1800,
Karte um 1905

3 Krems,
Stadtansicht,
um 1903

4 Krems,
Piaristen- und Pfarrkirche,
1916

5 Krems,
Lob der Weinstadt,
um 1911

6 Krems,
Ansicht von Osten,
um 1900

7 Krems,
Gruß mit Wachauer Tracht,
um 1915

8 Krems, Blick vom Bahnhof zur Stadt, um 1925

9 Krems, Blick ins Kremstal, um 1905

10 Krems, Darstellung des Hölltors, Karte um 1910

11 Krems,
an der Krems,
um 1898

12 Krems,
Pulverturm und Kremstal,
1918

13 Krems, im Winter, um 1940

14 Krems, Pulverturm, 1913

15 Krems,
Gozzoburg,
1924

16 Krems,
Stadtmauer und Pulverturm,
um 1900

17 Krems,
Gozzoburg am Hohen Markt,
1917

18 Krems
Ansicht,
um 1905

19 Krems, Hoher Markt mit Gozzoburg, 1941

20 Krems, Blick aufs Steinertor, um 1900

21 Krems, Wehrgang beim Steinertor, um 1915

22 Krems,
Steinertor,
um 1900

23 Krems,
Blick zum Steinertor,
1912

24 Krems,
Blick durchs Steinertor in die Obere Landstraße,
vor 1905

25 Krems,
Obere Landstraße,
1911

26 Krems, Obere Landstraße, 1909

27 Krems, Obere Landstraße, 1907

28 Krems, Untere Landstraße, 1912

29 Krems,
Untere Landstraße,
1909

30 Krems,
Untere Landstraße,
1914

31 Krems,
Untere Landstraße,
1910

32 Krems,
Körnermarkt,
um 1900

33 Krems,
Mesnerhaus am
Körnermarkt,
1900

34 Krems,
Täglicher Markt,
um 1900

35 Krems,
Körnermarkt und ehemalige
Dominikanerkirche,
um 1920

36 Krems,
Dreifaltigkeitsplatz,
vor 1905

37 Krems,
Dreifaltigkeitssäule,
um 1905

38 Krems,
Pfarrplatz mit Sängerhof,
um 1900

39 Krems Pfarrplatz, um 1900

40 Krems, Wegscheid, 1915

41 Krems, Wegscheid mit Gasthaus, um 1899

42 Krems, Margarethenstraße, 1940

43 Krems, Stadtansicht und Margarethenstraße, 1898

44 Krems
Margarethenstraße,
um 1900

45 Krems,
Blick zur Wienerbrücke,
um 1910

46
Krems,
Wienerbrücke,
um 1900

47
Krems,
Wienerbrücke,
um 1900

48 Krems,
Wienerbrücke,
1898

49 Krems, Wienerbrücke, vor 1900

50 Krems, Hafnerplatz, vor 1904

51 Krems, Hafnerplatz, 1914

52 Krems, Hafnerplatz, 1911

53 Krems, Stadtpark mit Pavillon, um 1900

54 Krems, Utzstraße, um 1905

55 Krems,
Josef-Wichner-Straße, Blick aufs Steinertor,
1938

56 Krems,
Gartenaugasse,
1938

57 Krems,
Austraße,
1912

58 Krems,
Puchhaimbgasse,
1912

59 Krems,
Dinstlstraße, Hotel Bahnhof,
1915

60 Krems,
Dinstlstraße,
um 1898

61 Krems,
Wertheimerstraße,
um 1924

62 Krems,
Wertheimerstraße,
um 1900

63 Krems,
ehemalige Donaustraße,
vor 1904

64 Krems,
Wiener Straße,
um 1904

65 Krems, Wiener Straße, 1908

66 Krems, Schillerstraße, 1912

67 Krems, Schillerstraße, 1911

68 Krems, Blick auf Piaristenkirche, 1920

69 Krems,
Fellnerhof,
um 1940

70 Krems,
Sängerhof am Pfarrplatz,
1941

71 Krems,
Gaheisgasse,
Dreißigerjahre

72 Krems,
Hof der Alten Post,
um 1938

73 Krems, Gattermann-Hof, 1928

74 Krems,
Eisentürhof,
1915

75 Krems,
Kleeweinhof,
1917

76 Krems,
Alter Innenhof,
um 1915

77 Krems,
Piaristenkirche vom
Pfarrplatz aus,
vor 1904

78 Krems, Gattermann-Hof, 1928

79 Krems,
Evangelische Kirche,
1912

80 Krems,
Ursulakapelle,
1914

81 Krems,
Friedhofskapelle,
um 1910

82 Krems,
Hotel Bahnhof,
um 1907

83 Krems,
Hotel Bahnhof mit Bahnhofpark,
1918

84 Krems,
Café Stadtpark am Steinertor,
um 1918

85 Krems, Café-Konditorei Weiß, um 1920

86 Krems, Hotel „Weiße Rose“, um 1910

87 Krems, Café Lasch, vor 1900

88 Krems,
„Zum schwarzen Adler" auf der Landstraße,
1911

89 Krems,
Weinstube Baumschlager (= Simhandl),
um 1905

90 Krems,
Brauerei Götz,
vor 1898

91 Krems,
Weinstube Seif (= Simhandl),
1931

92 Krems, Brauhof Krems, 1936

93 Krems, Gasthaus Huber, Zwanzigerjahre

94 Krems, Werbepostkarte der Weinstube Dietl, um 1920

95 Krems, Gemischtwaren Eischer, um 1913

96 Krems, Vorderseite eines Garantiescheins des Juweliers Fux, 4.5.1935

97 Krems, Bahnhofstraße, vor 1900

98 Krems, Bahnhofpark, 1919

99 Krems, Bahnhof, auf dem Perron, vor 1905

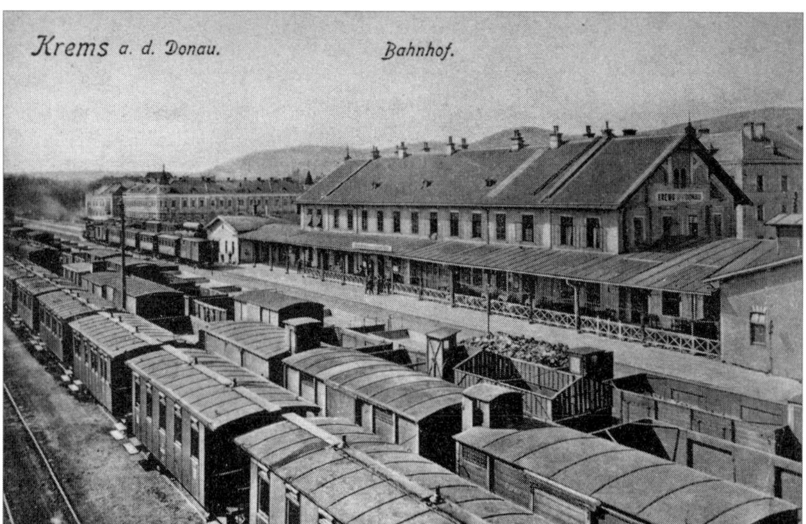

100 Krems, Blick über den Bahnhof, 1912

101 Krems, Anlegestelle, 1919

102 Krems, Eisenbahnbrücke mit Blick auf Krems, 1933

103 Krems, Anlegestelle, Blick zur Eisenbahnbrücke, 1924

104 Krems,
Institut der Englischen Fräulein,
1915

105 Krems,
Institut der Englischen Fräulein,
1900

106 Krems,
Kindergarten der Englischen Fräulein,
um 1918

107 Krems,
Volks- und Bürgerschule,
1912

108 Krems,
Lehrerbildungsanstalt,
1909

109 Krems,
Oberreal- und Handelsschule,
um 1905

110 Krems,
Staatsgymnasium und Lehrerbildungsanstalt,
um 1905

111 Krems,
Jugenderholungsheim,
1936

112 Krems,
Jugenderholungsheim,
um 1920

113 Krems,
Landeskinderheilstätte,
um 1920

114 Krems, Allgemeines Krankenhaus, um 1918

115 Krems, Strandbad, 1933

116 Krems, Duschen im Strandbad, 1931

117 Krems,
Luftaufnahme des
Strandbads

118 Krems,
Turnfest der Mittelschulen,
1924

119 Krems,
Turnhalle des Turnerbundes,
Zwanzigerjahre

120 Krems,
Schießstätte,
1909

121 Krems, auf der Kremserwoche, 1926

122 Krems, Kaserne, um 1910

123 Krems, Kaserne, 1915

124 Krems,
St.-Veits- und Friedensglocke,
geweiht am 29.9.1935

125 Krems,
k. u. k. Truppenspital,
1910

126 Krems,
Am Kasernentor,
vor 1904

127 Krems,
Kasernenhof,
vor 1904

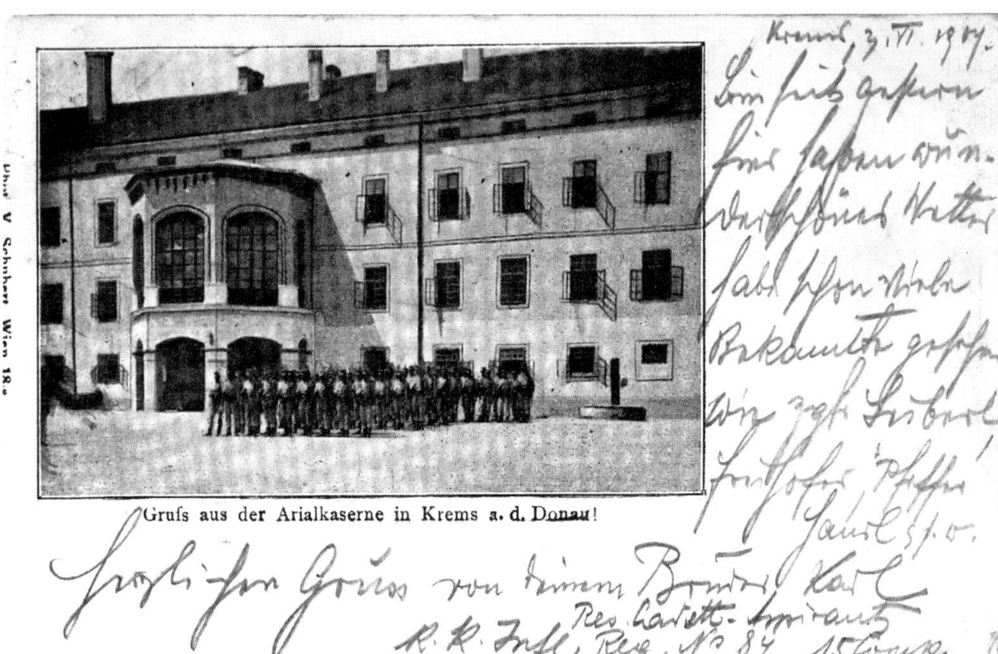

128 Krems,
Kasernenleben,
um 1908

129 Krems,
Übungsplatz für Pioniere,
um 1899

130 Krems,
Brückenschlag an der Donau,
1917

131 Krems,
spätgotische Rathaushalle, 1549 erbaut,
1914

132 Krems, Stadttheater in der ehemaligen Dominikanerkirche

133 Krems, Stadtmuseum in der ehemaligen Dominikanerkirche

134 Krems,
Stadtpark, Musikpavillon,
um 1900

135 Krems,
Schmidt-Denkmal,
vor 1904

136 Krems,
der Simandl-Brunnen und sein
Schöpfer Franz Zelezny,
am 1.7.1928

137 Krems,
Stadtpark, Springbrunnen,
1932

138 Krems, Figur an der Piaristenstiege, um 1900

139 Krems,
Büste Kaiser Josefs II.,
um 1900

140 Krems,
Eingang zur Wachauer und
Waldviertler Ausstellung,
1924

141 Krems,
Lerchenfeld,
Fünfzigerjahre

142 Krems,
Lerchenfeld,
Fünfzigerjahre

143 Krems,
Rehberg, Ruine und Gasthaus Radinger,
1897

144 Krems,
Rehberg, Kirche und Ruine,
um 1904

145 Krems, Ruine Rehberg 1931

146 Krems, Rehberg, Ortsansicht, 1915

147 Krems, Rehberg, 1910

148 Krems, Rehberg, 1926

149 Krems, Rehberg, Gasthof Hagen, um 1920

150 Krems, Rehberg, Ortsansicht und Gasthaus Jell, um 1902

151 Krems,
Rehberg, Gasthaus Daschl,
um 1900

152 Krems,
Rehberg, Schmitt'sche Lederfabrik,
1917

153 Krems, Weinzierl, St. Anton, 1932

154 Krems,
Weinzierl, St. Anton,
vor 1905

155 Krems,
Weinzierl,
1911

156 Krems,
Weinzierl,
um 1900

157 Krems,
Weinzierl, Volksschule,
um 1900

158 Krems, Weinzierl, Blick zur Kirche, um 1902

d. Donau.
19/8 1902

159 Stein,
Blick über Altstadt und Donau,
um 1903

160 Stein,
Blick über die Stadt,
um 1925

161 Stein, Donau und Donauuferbahn, 1911

162 Stein, am Donauufer, 1908

163 Stein, Kremsertor, um 1905

164 Stein,
Kremsertor,
um 1910

165 Stein,
Linzertor,
um 1930

166 Stein, Schürerplatz, um 1910

167 Stein, Schürerplatz, um 1902

168 Stein, Schürerplatz, vor 1905

169 Stein,
Rathausplatz mit Dreifaltigkeitssäule,
um 1898

170 Stein,
Rathausplatz,
vor 1905

171 Stein,
Pfarrkirche,
um 1905

172 Stein,
Steiner Landstraße,
1920

173 Stein,
Motiv um 1914

174 Stein,
Gasthof zum Elefanten,
um 1898

175 Stein, Gasthof zum Goldenen Ochsen, 1929

176 Stein, Blick über Burgruine und Donau nach Mautern, 1910

177 Stein, Station der Wachauer Bahn, heute Donauuferbahn, 1910

178 Stein, Strafanstalt, um 1920

179 Stein, Tabakfabrik (rechts) und Strafanstalt (links), 1923

180 Stein, Tabakfabrik und Strafanstalt, um 1905

181 Stein,
Tabakfabrik,
vor 1905

182 Stein,
Frauenbergstiege,
um 1920

Ich habe mich bemüht, aus tausenden historischen Ansichtskarten Ihres Bezirks die schönsten und aussagekräftigsten Motive auszusuchen und zu präsentieren.

Sollte Ihr Haus oder Ihr Dorf nicht in der Auswahl dieses Buches sein, so heißt das nicht, dass es dazu keine Ansichtskarte in meinem Archiv gibt. Ich lade Sie gerne ein, meine Sammlung von 2,5 Millionen historischen Karten zu besuchen und sich schlau zu machen – bringen Sie gleich alte Ansichtskarten aus Ihrer Gemeinde mit!

Und es gibt noch eine Vielzahl von anderen Motiven: Krampus-, Oster- und Tierkarten, Künstlerkarten, Karten von Personen und Ereignissen aus der Politik, von Naturkatastrophen, Berufen, Vereinen und vieles andere mehr. Ich berate Sie gerne unverbindlich, freue mich aber auch über ein entsprechendes Angebot, mit dem Sie mir helfen können, meine Kollektion zu erweitern.

Foto: Riegler

Johann Riegler
Wienerstraße 69
A-3252 Petzenkirchen
Tel.: 0664/338 98 97

Johann Riegler in seinem Archiv

Foto: Lackinger